AF131929

DEVENIR MÈRE :

une maternité sans langue de bois

Océane KONÉ

DEVENIR MÈRE :
une maternité sans langue de bois

© Océane Koné, 2020
Edition : BoD – Books on Demand,
12/14 rond-point des Champs-Élysées, 75008 Paris
Impression : BoD – Books on Demand,
Norderstedt, Allemagne

Dépôt légal : septembre 2020

ISBN : 978-2-9573573-0-7

Couverture et mise en page : Elle Guyon (2LI)

« Tous droits réservés, y compris de reproduction
partielle ou totale, sous toutes ses formes »

À mon amour Jérémy,

OCÉANE KONÉ

 Ma deuxième vie a commencé un samedi 14 avril, sans que je le sache. J'avais un retard de règles et, pour me rassurer, j'ai fait un détour par la pharmacie avant d'aller acheter deux paquets de cigarettes. Le verdict est tombé : j'étais enceinte. J'avais 28 ans, je venais d'être diplômée d'un Master 2 en management stratégique et j'avais commencé à travailler deux semaines auparavant. Pourtant, j'étais encore pleine de doutes sur la réelle orientation que je voulais donner à ma vie. Pour mon conjoint, je crois que cette annonce a fait partie des plus belles surprises de sa vie.

Nous voilà donc lancés dans cette nouvelle aventure de la vie. Nous étions insouciants et très loin de savoir ce qui nous attendait. Mais nous étions heureux. Mon conjoint étant sportif professionnel, quatre mois plus tard, nous déménagions pour qu'il débute une nouvelle saison. J'étais bien contente de quitter Paris, ce rythme effréné et les grèves de la RATP. Nous allions pouvoir accueillir notre petit garçon dans de meilleures conditions. C'est dans ce contexte particulier — nouvelle ville, nouveau contrat professionnel pour mon conjoint et éloignement géographique familial — que j'ai accouché. La situation a été très compliquée, puisque 24 heures après la naissance de notre fils, mon conjoint a dû partir en déplacement professionnel.

Mon accouchement et mon séjour à la maternité ont été annonciateurs de ce que nous allions vivre les mois suivants.

Les joies, les pleurs, le premier fou rire de notre fils, la douleur, le diagnostic tardif du RGO compliqué (= reflux gastro-œsophagien), ses premiers mots, les maladies, l'errance médicale, les petits pots et ses premiers rototos, les déplacements professionnels, les poussées dentaires, les nuits blanches, les câlins, les bisous, ses premiers pas, l'épuisement, le désarroi...

À travers ce livre, je raconte l'histoire qui a été la nôtre. Une histoire parmi tant d'autres, qui n'a pas vocation à indiquer ce qu'il va se passer, mais plutôt ce qu'il *pourrait* se passer.

TABLE DES MATIÈRES

INTRODUCTION

« *Devenir mère, comment dire... ce n'est que du bonheur !* »
Voici ce qu'on ne devrait plus entendre, en 2020, à propos de la maternité.

La maternité peut être vécue comme une consécration, un bonheur immense, une révélation. Notamment lorsqu'on a un entourage présent et apportant énormément de soutien. La maternité peut aussi être vécue comme un véritable enfer. Mais, il n'y a pas d'un côté les femmes qui le vivent très bien, et de l'autre celles qui le vivent très mal. La maternité est hétérogène, unique et propre à chaque mère.

Il est vrai que dans notre société, le fait de devenir mère est associé à une réussite sociale, un aboutissement, une joie infinie. Les mères qui s'écartent de cette image idyllique sont pointées du doigt, jugées et mises en marge de la société ; considérées comme étant une minorité.

Pourtant, les chiffres confirment que devenir mère est loin de correspondre à l'image d'Épinal du bonheur :

- Plus de 50 à 80 %[1] des femmes font un baby-blues
- Jusqu'à 20 % font une dépression post-natale[2]
- 1/3 sont en *burn-out* parental[3]

La jeune maman comblée de joie est érigée en standard par la société, et ne pas correspondre à ce modèle est tabou. C'est assimilé à quelque chose qu'il faudrait taire, cacher, comme si cela était honteux.

Mais la société va encore plus loin. S'il est admis que certaines maternités sont mal vécues, la responsabilité en est imputée à la femme qui devient mère. Soit parce que la femme est en dépression, soit parce qu'elle fait un baby-blues, car elle est épuisée. Tout cela avec, en toile de fond, le sous-entendu insidieux que la femme ne serait peut-être

---

1 https://www.magicmaman.com/,toutes-les-femmes-ont-le-baby-blues.436.3382468.asp / https://naitreetgrandir.com/fr/etape/0_12_mois/viefamille/fiche.aspx?doc=ik-naitre-grandir-maman-depression-postpartum-babyblue
2 https://madame.lefigaro.fr/bien-etre/le-vrai-faux-de-la-depression-post-partum-grossesse-enfant-parentalite-030118-146105
3 https://www.sciencedirect.com/science/article/abs/pii/S1155170418300016

pas assez capable. D'où, le tabou et la honte à avouer la réalité traversée. Ainsi commence le cercle vicieux dont nous sommes prisonnières.

L'erreur, c'est de ne parler que des mères et de leurs « facteurs de risque » à faire des baby-blues, comme si elles étaient les seules responsables. Tout d'abord parce qu'aujourd'hui, il ne s'agit plus uniquement d'une histoire de femmes, cela concerne tout autant les hommes. Mais également parce que ce n'est pas seulement un problème lié aux individus, aux mères ; c'est surtout lié à la difficulté de la situation en elle-même et au contexte de notre société actuelle. Une société qui nous met sous pression.

L'image que l'on renvoie, les réseaux sociaux, ce qu'il faut être et ce qu'il faut avoir : tout cela prime sur la réalité, l'authenticité. Cette pression est particulièrement exercée sur la femme, d'une manière générale, et monte d'un cran quand la femme devient mère.

Je crois aussi qu'il est important de lever le tabou et de désacraliser ce passage de la vie qui impacte profondément la femme sur tous les plans : physique, physiologique, et psychique. La maternité est un énorme tsunami dans la vie d'une femme, d'un couple, d'une famille. Il n'y a pas ou très peu d'accompagnement dans cette étape de la vie, surtout post-partum. Cela ne peut plus être caché, soumis ainsi au jugement et être vécu comme une pression supplémentaire pour les femmes.

Ainsi, j'ai écrit ce livret comme j'aurais souhaité le recevoir ou comme j'aurais souhaité qu'une amie me livre sa véritable expérience : sans langue de bois. J'aspire, grâce à mon expérience, à aider, ne serait-ce qu'une seule femme pour qui la maternité n'a pas été synonyme d'un bonheur absolu. Je veux lui dire qu'elle n'est pas seule. Je sais que ça peut être un véritable parcours du combattant. Ma volonté numéro un en livrant ce témoignage, c'est de transmettre, de partager mon expérience et d'évoquer ce qui m'a aidée à mieux vivre ma maternité. Je pense, à titre personnel, qu'un cheminement essentiel de la vie est d'arriver à se trouver soi-même. À travers l'expérience de la maternité, cela a été mon cas, même s'il existe bien d'autres moyens pour y arriver. Ça m'a permis de m'affranchir des diktats sociaux, pour me trouver « moi ». Comme quelqu'un de trop habillé, mal dans ses baskets, qui se déshabille, enlève ses artifices pour se mettre à nu puis se rhabille à son goût avec le strict nécessaire.

CHAPITRE 1 : SORTIR DE LA PRESSION LIÉE AU POIDS ET LES MAUX DE LA GROSSESSE

LES MAUX DE LA GROSSESSE

J'avoue que j'ai eu de la chance, je n'ai pas trop été affectée dans l'ensemble par les maux de la grossesse. Certaines subissent tous les désagréments possibles, d'autres en sont en partie épargnées, ou certaines chanceuses se sentent en super forme et font du sport tout au long de leur grossesse, par exemple. Cela peut varier aussi en fonction du stade où l'on en est.

" Je me suis sentie complètement dépossédée de mon corps. "

Pour ma part, j'ai surtout ressenti une extrême fatigue et pourtant j'étais loin de m'imaginer ce qui m'attendrait après l'accouchement. Être enceinte durant l'été, de surcroit en pleine canicule à Paris, et continuer à avoir une heure de trajet « aller » et une heure de trajet « retour » en métro pour se rendre au boulot... c'est très loin d'être réjouissant.

D'une manière générale, je n'ai pas apprécié d'être enceinte. Je l'ai plus subi qu'autre chose. Je me suis sentie complètement dépossédée de mon corps.

Pourtant, il y a des femmes qui adorent être enceintes, qui le vivent très bien, et qui se sentent accomplies et comblées. Pour d'autres, ce n'est pas le cas. On peut plus ou moins bien vivre cette période. **Je crois qu'il ne faut, en aucun cas, culpabiliser de ne pas bien vivre sa grossesse.** Des femmes peuvent connaître aussi un passage de déprime important. Cela ne devrait pas être caché sous prétexte de l'injonction sociale générale à être heureuse durant cette période.

LA PRISE DE POIDS

Concernant le poids, je suis le genre de nana qui a souvent fait le « yo-yo ». Mais avec le temps, j'ai fini par trouver un équilibre, notamment grâce au sport. Avant de tomber enceinte, j'étais bien dans mon corps. Ce qui était plutôt rare. Malheureusement, j'ai pris énormément de poids pendant ma grossesse... 27 kg. Sachant que j'ai arrêté de compter trois semaines avant l'accouchement. En même temps, avec 8 kg de plus dès le premier trimestre, c'était prévisible. Je cherchais désespérément tous les jours des nems dès 8 h du matin en allant au travail, mais impossible d'en trouver. Le poids m'a vraiment pesé tout au long de ma grossesse. C'est le cas de le dire. Ça m'a empêché de la vivre pleinement. J'avais du mal à supporter mon reflet dans le miroir. Je me trouvais grosse et lourde, avec le visage boursouflé, la rétention d'eau n'aidant en rien. J'étais réellement obsédée par mon aspect physique, en pensant à tout ce que ça allait nécessiter comme efforts pour retrouver ma ligne. Mais avec du recul, je me suis dit que cela avait été une erreur de ma part et que je me suis juste pourri la vie. Je me suis laissé polluer par des standards peu représentatifs de la société, et c'est une réelle difficulté de s'en affranchir. **Notre poids ne devrait être une obsession que si notre santé est en jeu**.

" Aujourd'hui, notre société manque cruellement d'exemples qui nous ressemblent, plus représentatifs de

la société dans sa globalité, et en qui on puisse se reconnaître. "

Alors le poids après grossesse... N'en parlons pas. L'épreuve ultime de la course pour retrouver la ligne : à prohiber ! Je trouve regrettable que toutes ces femmes alimentent ce concours d'image. On est en plein dans la pression exercée par les femmes sur d'autres femmes. Ce qui véhicule un mauvais message, contraire à l'acceptation de soi. Je me dis souvent que des femmes comme Tina Kunakey[4] font plus de mal que de bien, car elles véhiculent un message peu représentatif en diffusant des photos de leur corps qui ne montrent aucune trace de grossesse. Comme si elles n'avaient jamais été enceintes. Le problème, ce n'est pas qu'il y ait des exemples comme Tina Kunakey ou Nabilla, qui sont très jolies, bien au contraire.

Mais aujourd'hui, notre société manque cruellement d'exemples qui nous ressemblent, plus représentatifs de la société dans sa globalité, et en qui on puisse se reconnaître.

Les exemples de femmes avec une grande influence jouent un rôle fondamental. Surtout à ce moment précis de la vie, où nous, les femmes, sommes

---

4 Mannequin français mariée à Vincent Cassel.

plus que jamais vulnérables. **Et puis, jusqu'à présent, personne ne s'est vu remettre la Légion d'honneur ou une quelconque récompense pour avoir retrouvé la ligne en un temps record.**

Finalement, toute comparaison avec une autre femme est inutile. **Il s'agit de se rappeler que chaque expérience est unique, chaque corps est unique. Refusons-nous à cette « compétition » qui sévit entre les femmes.** Comme s'il n'y avait pas déjà assez de pression. Quel dommage de subir cette « tradition » obsolète selon laquelle la femme DOIT ÊTRE apprêtée, maquillée, PLUS BELLE que la voisine, PLUS MINCE, etc. Il faudrait aussi, avoir un accouchement parfait avec les ongles faits, être une super mère, exceller dans les tâches d'organisation et le ménage, tout gérer de front...

Sur la question de la pression liée au poids, voici ce que j'ai tiré de mon expérience : **le principal est de faire attention à soi, à son mental, à sa santé, et surtout d'apprendre à se faire confiance. De plus, vouloir être conforme à ce que la société nous montre entraînera forcément un certain mal-être. Car cela** revient à s'écarter de ce que l'on est soi-même, puisque cela ne correspond pas à notre réalité personnelle. Ce qui est dit et montré à la télévision, dans les magazines, sur les réseaux sociaux est souvent arrangé, falsifié. Il faudrait plus se concentrer sur ce que nous sommes.

CHAPITRE 2 : SORTIR DE LA PRESSION LIÉE À LA REPRISE DU TRAVAIL

LA PRESSION SOCIALE

À titre personnel, je ne suis pas sûre que l'exemple de Rachida Dati reprenant le travail cinq jours après avoir accouché, soit un bon exemple, ou du moins, représentatif de la réalité actuelle.

Encore une fois, le message véhiculé dans notre société est que la femme doit être la SUPER FEMME, la SUPER MAMAN, la SUPER AMANTE, la SUPER COPINE, avec un SUPER JOB et un SUPER CORPS.... C'est vain. Certaines y parviendront sûrement, certaines s'oublieront au passage à poursuivre cet objectif sans véritable fondement. D'autres penseront trouver leur bonheur à exceller dans tous les domaines.

Je pense que chaque personne est libre de ses choix et doit faire en fonction de ses valeurs, de son équilibre personnel, du contexte familial et de sa situation financière.

Aussi, il est assez difficile de prévoir ce que l'on envisage de faire après l'accouchement. Certaines femmes ne s'imaginent pas pouvoir rester à la maison et souhaiteront reprendre le travail au plus vite. Mais une fois que bébé est là, la donne peut changer, et on peut souhaiter rester à la maison pour se dédier à son ou ses enfants, notamment lorsque le couple peut se le permettre financièrement. D'autres ne pourront pas se le permettre, et ce sera un déchirement. Puis, au contraire, certaines femmes pensent vouloir au départ profiter de leurs enfants et, finalement, ressentiront un besoin vital de reprendre une activité.

Tous les cas de figure sont possibles.

" J'avais peur aussi du trou que j'allais laisser dans mon CV. J'étais sous pression. "

Pour ma part, j'avais envisagé de reprendre le travail le plus tôt possible, car je m'épanouis en travaillant, en réalisant des choses personnelles en dehors de ma vie de famille. J'ai aussi besoin d'être stimulée intellectuellement. Je m'en suis d'autant plus rendu compte en restant à la maison. Mais les choses ne se sont pas passées ainsi, car notre petit garçon a été malade en permanence et il a fallu que je sois à 100 % disponible. J'ai extrêmement mal vécu cette période et j'étais impatiente de retravailler. J'avais peur aussi du trou que j'allais laisser dans mon CV. J'étais sous pression.

J'ai finalement repris le travail un an après mon accouchement. Avec le recul, je crois que ça a été une bonne chose pour tout le monde, finalement, que je n'aie pas précipité mon retour dans le monde du travail. Mon avis personnel est le suivant : prendre un maximum de temps pour se consacrer à notre bébé tant qu'il est tout petit ne peut être que bénéfique. Surtout, lorsque la santé n'est pas au beau fixe. Je crois aussi qu'il ne faut pas céder à la pression ambiante générale. **On ne peut pas être à fond sur tous les fronts, aussi bien sur le plan professionnel qu'à la maison. Du coup, le mieux, c'est de se laisser porter et de faire ce que l'on peut. Mais c'est loin d'être simple.**

Un quotidien difficile

Il est tabou de dire qu'il n'est vraiment pas facile de rester à la maison pour s'occuper de son ou de ses enfants. Ça peut d'ailleurs être vécu comme un véritable enfer, malgré les moments de joie. Je considère qu'être mère au foyer est un job à temps plein qui n'est pas assez reconnu. Je l'ai vécu de cette manière.

Notre fils est né avec un reflux gastro-œsophagien (= RGO) compliqué. L'acidité contenue dans l'estomac remonte et vient brûler toute la sphère ORL (= Oto-Rhino-Laryngologie), à cause d'un problème de sphincter qui ne se referme pas au niveau de l'estomac. Ce RGO a été diagnostiqué tardivement. Notre fils ne dormait pas plus de 30 minutes d'affilée. On a mis quatre mois à pouvoir l'allonger sans qu'il hurle à la mort... C'était une réelle torture.

Il a 16 mois à présent, et ne fait toujours pas ses nuits. C'est extrêmement difficile. Je pense à beaucoup de mamans dans ce cas qui rêveraient de travailler pour s'échapper de cette routine éreintante. Ne serait-ce que pour souffler et faire autre chose de leurs journées, mais également pour se sentir reconnues dans ce qu'elles font.

Pourtant, être mère au foyer, c'est un apport fondamental pour la famille, mais aussi pour la société. C'est énormément de sacrifices, qui bien trop souvent passent inaperçus. Car, dans un schéma classique, lorsqu'on a un travail, on est rémunéré. Ce qui équivaut à une reconnaissance par la société de ce qu'on a apporté et cela contribue à se sentir utile. De plus, lorsqu'on travaille, le plus souvent, on a des pauses durant notre journée, notamment pour déjeuner, qui permettent de souffler.

" Notre fils ne dormait pas plus de 30 minutes d'affilée. "

Avec un enfant, ce n'est pas le cas. On a un peu de répit éventuellement au moment de la sieste ; si l'enfant veut bien en faire une et si on s'accorde le droit de souffler. Les journées peuvent commencer à 6 h et se terminer à 19 h 30. Et encore. Sachant qu'on peut être réquisitionnée la nuit également. Imaginez-vous être au travail 24 heures sur 24. Autrement dit, devoir être à son bureau tous les jours non-stop, week-ends et nuits compris, sans pause. C'est dur. Ça met en état d'hyper vigilance, et on est alerte en permanence. Ce qui est très éprouvant, surtout émotionnellement.

La culpabilité

Il y a aussi des mamans qui travaillent par choix ou non. La situation peut être, de même, très mal vécue. Chacune à son niveau doit gérer son lot de problèmes et de difficultés. Mais j'ai constaté que les mères au foyer sont les plus jugées et stigmatisées. On connaît toutes ces réflexions : « *Tu ne fais rien, tu es à la maison* », « *Tu as la belle vie, toi* », « *Pourquoi tu te plains, tu n'as rien à faire de tes journées, moi, je travaille* », « *Ce n'est pas un métier d'être mère au foyer* », « *Moi, je rêverais d'être à ta place* ». Je crois que la dernière est la plus assassine.

Je pense que les problématiques liées à la reprise du travail ou non sont différentes et vécues différemment en fonction des personnes et des situations. Il est triste de vouloir hiérarchiser les difficultés, comme si finalement, c'étaient les femmes qu'on hiérarchisait. Une des choses que je trouve des plus dommageables, ce sont les femmes qui jugent d'autres femmes. Que les hommes le fassent, c'est inacceptable, d'autant plus qu'ils ne vivent pas la situation. Mais qu'une femme, qui est à même de comprendre la peine et la difficulté qu'une autre femme endure et qui, malgré cela, la juge... Je crois qu'il n'y a pas de mots.

" J'ai d'ailleurs longtemps eu la sensation que je ne pourrais jamais totalement lâcher prise... "

Les femmes très souvent ne partagent que le positif pour garder et renvoyer une certaine image. Ce qui maintient une pression permanente entre nous. Pour un grand nombre de mamans au foyer, il est très difficile d'assumer que les enfants soient à la crèche ou gardés par une assistante maternelle alors que l'on n'a pas d'activité professionnelle. Ceci à cause de la culpabilité ressentie, ou que l'on nous fait sentir, à tort. Pourquoi et pour qui cela serait un problème ? Nous avons le droit de mener la vie que l'on souhaite, avec laquelle on se sent bien.

Personnellement, pouvoir laisser notre petit garçon à la crèche, c'est ce qui m'a permis de tenir. Car même si mon conjoint le gardait pour me permettre d'avoir des moments de répit, il n'y avait pas cette coupure qui me permettait un réel relâchement. J'ai d'ailleurs longtemps eu la sensation que je ne pourrais jamais totalement lâcher prise, car j'étais toujours inquiète pour une raison ou pour une autre. Cette inquiétude permanente fait partie du quotidien des jeunes parents, qu'on finit par apprivoiser avec le temps.

LA RÉPARTITION DES TÂCHES

Les grands absents de ces considérations sont les hommes. Car malheureusement, ils sont généralement moins impliqués dans ces situations, même si l'on sent que les choses tendent à légèrement changer. Bien que mon conjoint soit impliqué à 100 % quand il est présent, j'ai le sentiment que, d'une manière générale, culturellement la charge mentale revient à la femme.

Une chose qui m'agace particulièrement, c'est que les hommes se cachent derrière le prétexte du travail pour se décharger des tâches liées à la gestion de la maison, à l'éducation des enfants et à tout ce que ça implique. Puisqu'eux travaillent pour payer les factures, les femmes devraient gérer tout le reste. Et même lorsque les femmes travaillent également, c'est la même chose. Les femmes sont donc les grandes perdantes de cette répartition.

" *Il devrait y avoir une répartition des tâches beaucoup plus équitable.* "

Quand je faisais mes études supérieures ou que je travaillais toute la journée et que je rentrais très tard le soir, les tâches étaient équitablement réparties entre mon conjoint et moi. Celui ou celle qui rentrait le plus tôt faisait à manger ou alors, chacun s'occupait de son repas. Aussi, chacun gérait son administratif personnel, mon conjoint faisait les courses et rangeait la maison, et moi, je faisais le plus souvent le ménage.

Mais pourquoi, sous prétexte que l'on devient mère et qu'il est décidé au sein du couple que la femme reste à la maison pour s'occuper des enfants, la répartition des tâches devrait-elle changer ?

C'est pour ça que nous avons veillé à conserver ce partage des tâches avec mon conjoint, après mon accouchement. Parce que ce qui est souvent le cas, c'est que l'homme travaille tandis que la femme s'occupe de tout le reste. Ce n'est pas équitable. Car à l'arrivée de bébé, pour l'homme rien ne change : il travaille et aurait continué de travailler dans tous les cas, enfant ou pas. Pour la femme qui devient mère et qui reste à la maison, c'est différent, elle, elle perd au change. Elle met entre parenthèses sa carrière, a désormais à sa charge de s'occuper de son ou ses enfants, des tâches ménagères, des courses, des repas, des rendez-vous et de l'administratif. Donc à la limite, ce qui change pour les hommes, c'est qu'ils en font moins. **Mon opinion est qu'il devrait y avoir une répartition des tâches beaucoup plus équitable.**

On retrouve donc l'inégalité entre les hommes et les femmes, dans l'impact qu'aura l'arrivée de bébé sur la carrière de la femme. On peut souvent avoir l'impression de devoir faire un choix entre une carrière et des enfants, même si les deux ne sont pas impossibles à concilier. Néanmoins, c'est très loin d'être évident. On le ressent également dans la recherche d'emploi. Les femmes susceptibles de tomber enceintes à court terme et les jeunes mamans sont mises de côté.

Ça a été mon cas. J'ai eu le sentiment de devoir abandonner provisoirement ma carrière et de prendre ce risque pour pouvoir me consacrer à notre enfant au début, étant donné que nous sommes éloignés géographiquement de nos familles, que la situation avec notre fils est très difficile et que mon conjoint a un salaire permettant de subvenir à nos besoins. Imaginons le cas d'une femme qui est mère au foyer. Elle n'a pas retravaillé depuis 7 ans pour élever ses enfants et, subitement, son mari la quitte. Qu'en sera-t-il de son retour à l'emploi et de la garde des enfants ? C'est aussi de cela qu'il est question quand on parle des inégalités hommes-femmes.

En quelque sorte, les hommes connaissent une stabilité, comparativement aux femmes qui doivent subir le traumatisme de l'accouchement, retrouver leur corps et courir après leur carrière.

CHAPITRE 3 : Sortir
de la pression liée à la préparation et à l'accouchement lui-même

La préparation à l'accouchement

C'est à celle qui aura la plus belle *baby shower*, avec la plus belle liste de naissance et les plus beaux cadeaux ; à celle qui aura les plus belles photos, qui continuera à faire du yoga et à manger bio jusqu'à la veille de l'accouchement, puis qui se rendra à la maternité la plus en vogue à vélo et accouchera sans péridurale.

" Il serait préférable que toute l'attention ne se cristallise pas uniquement sur l'accouchement comme si c'était une fin en soi. Car l'histoire ne fait que commencer. "

Je pense qu'il est vraiment indispensable de sortir de ces diktats qui font du mal. Il est certain qu'il est préférable de se préparer à l'arrivée de bébé, cependant je suis convaincue qu'il s'agit de faire au plus simple. L'essentiel sur le plan matériel, c'est d'avoir de quoi le vêtir — au début, les bodies, les pyjamas et les bavoirs sont plus qu'utiles — de savoir où le faire dormir, d'avoir un siège auto pour ceux qui ont une voiture, et d'avoir des couches pour le changer. Le reste est superflu, peut s'acheter au fur et mesure, et lorsque le besoin s'en fait sentir.

L'important, selon moi, c'est d'être accompagnée tout au long de sa grossesse, par une sage-femme avec qui on se sent bien. J'ai été accompagnée par une sage-femme formidable, pleine d'humanité et d'empathie ; ce qui a été déterminant pour moi par la suite.

Chacune est libre de se préparer de telle ou telle manière à l'accouchement, en adoptant telle ou telle méthode, en faisant du yoga, des massages, de la sophrologie, de l'acupuncture, de la méditation. Je suis convaincue qu'il y a une pression et une surenchère concernant la préparation à l'accouchement et que, là encore, le plus simple sera le mieux. Ce qui détonne d'autant plus avec le vide laissé après l'accouchement.

Chaque femme a le droit de faire ce qui lui correspond. Je crois honnêtement que quelques rendez-vous avec la sage-femme pour se préparer à l'accouchement en ayant certaines informations simples et précises feront l'affaire. Mais ce n'est que mon avis personnel.

Il serait préférable que toute l'attention ne se cristallise pas uniquement sur l'accouchement comme si c'était une fin en soi. Car l'histoire ne fait que commencer. Je pense que **l'après-grossesse devrait être discuté, anticipé et les informations données plus uniformisées. Car en fonction de la sage-femme ou de l'accompagnement prénatal, l'expérience vécue ne sera absolument pas la même.**

L'ACCOUCHEMENT

Concernant l'imminence de l'accouchement, j'ai la sensation qu'on n'y est pas forcément assez préparée, et que l'on est très infantilisée en tant que femme à ce sujet, notamment par le corps médical, que cela soit pendant la grossesse, lors de l'accouchement ou après l'accouchement. Les ressentis et les douleurs ne sont pas assez écoutés et sont banalisés. On peut être pointée du doigt si on se rend à la maternité et que cela s'avère être une fausse alerte. Mais n'est-il pas difficile de reconnaître les signaux de quelque chose que l'on n'a jamais vécu ? Je trouve inacceptable le jugement de la part d'hommes qui exercent dans le corps médical en lien avec la maternité. D'autant plus quand il s'agit de femmes.

> *" Les ressentis et les douleurs ne sont pas assez écoutés et sont banalisés. "*

Personnellement, j'étais obsédée par le fait de pouvoir reconnaître les signes que j'allais accoucher. Je me posais tout un tas de questions, notamment si j'allais les reconnaître et ce qui m'agaçait, c'étaient les réflexions du genre : « Ne t'inquiète pas, tu sauras quand le moment viendra ». J'étais bien avancée avec ça.

J'ai particulièrement mal vécu le fait que l'on minimise les douleurs de mes contractions. Le fait qu'on ne me prenne pas au sérieux m'a révoltée. Mon accouchement a été déclenché à 8 h du matin, et les premières contractions ont commencé à 17 h 30. Mais une fois qu'elles ont commencé, tout a été très rapide. La dilatation de mon col est passée de 1 à 5 cm en moins d'une heure. J'avais tellement mal que je me disais que je n'arriverais JAMAIS à tenir en place pour la pose de la péridurale. J'ai d'ailleurs eu droit à cette magnifique réflexion du gynécologue : « *Si elles y arrivent toutes, il n'y a pas de raison que vous n'y arriviez pas* ». Merci. Super booster... J'ai trouvé que ce n'était pas approprié du tout. Quatre heures plus tard, notre petit bonhomme arrivait. Mais sous le prétexte que les déclenchements sont très souvent longs, on ne considérait absolument pas ma douleur.

Aussi, subsistent deux faux débats :
- le fait d'accoucher par voie basse ou non
- le fait de recourir à la péridurale ou non

Ce qui est en vogue en ce moment, c'est la *wonder woman* qui accouche sans péridurale, sans crier et par voie basse. Elles sont de « vraies femmes » et, elles, ont vraiment vécu ce qu'est l'accouchement, comme le faisaient nos mères dans le temps. Non pas que je veuille les stigmatiser. Je pense tout de même que si la péridurale a été mise en place, c'est qu'il y a une bonne raison, et que certaines femmes auraient « tué », du temps de nos mères, pour en bénéficier. Je ne critique absolument pas le souhait ni l'envie de vouloir accoucher sans péridurale. Il est vrai que les accouchements en Occident sont très médicalisés, et des femmes peuvent ne pas être en accord avec cela. Cependant, ce qui est problématique, c'est que l'accouchement sans péridurale, par voie basse, à la maison, ou même encore dans l'eau, soit érigé en standard et en objectif à atteindre par effet de mode.

Je pense qu'il existe une pluralité de façons d'accoucher, et chacune peut se retrouver dans ce qui lui convient vraiment, sans avoir à être jugée. Il n'y a pas à y avoir de hiérarchie dans les méthodes qui, par conséquent, induirait une hiérarchie entre les femmes.

Normalement, de fait, l'accouchement par césarienne n'est proposé que parce que l'accouchement par voie basse n'est pas possible. Mais aujourd'hui, de plus en plus de femmes choisissent d'avoir une césarienne plutôt que d'accoucher par voie basse, pour de multiples raisons : peur de l'accouchement, pour pouvoir contrôler et maîtriser son accouchement, pour pouvoir s'organiser, pour pouvoir conserver la même qualité de vie sexuelle après un accouchement, pour éviter les possibles épisiotomies ou déchirures, etc. En quoi cela serait un problème ?

Il est vrai que l'accouchement peut être un véritable cauchemar, une véritable torture avec de nombreuses complications. Il est aussi vrai que cela peut très bien se passer, sans vraiment de douleurs. L'accouchement peut être très long comme expéditif ou d'une durée intermédiaire. Certaines femmes auront une période de contractions très longue et un accouchement expéditif, pour d'autres ce sera l'inverse. **Il n'y a pas vraiment de règles et, encore une fois, chacune est libre de gérer son accouchement, de choisir son accouchement. Le plus important, c'est de privilégier la sécurité de son enfant et la sienne.**

L'allaitement est à l'image de la grossesse et de l'accouchement. On a l'impression qu'il va de soi, qu'il est naturel, instinctif et facile, mais il peut s'avérer beaucoup plus compliqué que ça : crevasses, bébé qui a du mal à téter, questionnements sur le fait que bébé prend ce qu'il faut, montée de lait, engorgement. Il ne faut pas hésiter à s'informer, à demander des conseils aux spécialistes en lactation ou encore à se tourner vers la Leche League[5], si on souhaite allaiter et que l'on rencontre des difficultés. Si de nombreuses associations dédiées à l'allaitement existent, c'est qu'il y a une raison. Là aussi, **le sujet de l'allaitement ou non est un faux débat et ne devrait pas être un moyen de hiérarchisation entre les mamans. Chacune fait ce qu'elle veut, et pourquoi cela dérangerait les autres ?**

[5] Association internationale de soutien et d'information à l'allaitement maternel.

CHAPITRE 4 : SORTIR
DE LA PRESSION POST-
ACCOUCHEMENT

LES MAUX DU POST-PARTUM

Le fameux sujet des maux post-accouchement est tabou et la préparation à l'accouchement nous en préserve, à tort, selon moi. On peut dresser une liste non exhaustive de ces maux qui peuvent être vécus comme un véritable choc :

~ la possible déchirure ou épisiotomie (= incision du périnée pratiquée lors de l'accouchement) qui transformera l'expulsion des selles... en véritable torture (le temps de la cicatrisation), si en plus on est constipée... De plus, cela nécessitera d'avoir une bouteille d'eau à côté des toilettes pour se nettoyer après chaque pipi

~ le vagin et le périnée peuvent être gonflés, mais aussi douloureux pendant plusieurs

semaines, surtout lors de la marche ou de la position assise
~ les hémorroïdes
~ les fuites urinaires
~ les pertes de sang interminables et hyper-abondantes
~ la sensation d'avoir un vagin qui est béant, ouvert
~ des contractions qui persistent
~ la sensation de ventre vide
~ le mal de dos
~ la fatigue extrême
~ la perte de cheveux

Un autre des maux post-accouchement, et non des moindres, qui nécessite un point à lui tout seul : le baby-blues. Il concerne plus de la moitié des jeunes mamans et peut rapidement se transformer en dépression du post-partum.

" Tout ce qui est lié et qui entoure le baby-blues ou la dépression du post-partum est, la plupart du temps, tu, minimisé ou nié, à tort. "

Il est vrai que le baby-blues et la dépression du post-partum sont souvent expliqués, au-delà de la chute d'hormones, par le décalage entre l'idéalisation ou l'image très positive que l'on se fait de sa nouvelle vie avec bébé et la réalité.

Lorsqu'on est enceinte, on a aussi envie de croire à la magie de l'enfantement et du bébé bonheur. Ce qui est d'ailleurs favorisé par le manque de préparation et d'informations des futurs parents à l'après-accouchement. Le corps médical joue un rôle important dans ce manque d'informations et de préparation. Les professionnels de santé ne sont pas assez formés à l'accompagnement et à la prise en charge des dépressions du post-partum.

Tout ce qui est lié et qui entoure le baby-blues ou la dépression du post-partum est, la plupart du temps, tu, minimisé ou nié, à tort. Les mamans vont ressentir un sentiment de honte à l'idée de ne plus vouloir s'occuper de leur bébé.

LE JUGEMENT DE LA MÈRE

Mais ceci va au-delà du baby-blues ou de la dépression. **J'ai constaté que si quelque chose ne va pas, c'est imputé à la mère.** On dira soit qu'elle est en dépression, soit qu'elle n'arrive pas à gérer la situation. Ça me révolte profondément. Pourquoi n'est-il tout simplement pas démocratisé dans notre société que le post-partum est une situation très délicate et très compliquée à vivre pour les jeunes parents ?

Le reconnaître et l'accepter permettrait de mettre en place un accompagnement afin de mieux vivre la parentalité et de prévenir l'épuisement parental.

Suite à l'accouchement, très souvent, c'est la femme qui est amenée à devoir tout gérer. En plus des neuf mois de grossesse et de l'accouchement qu'on a endurés, commence une nouvelle bataille : s'occuper à la fois des courses, du ménage, du rangement, de la lessive, du repassage, de l'administratif, des rendez-vous médicaux, de la préparation des repas, des enfants qui nous usent ; tout en manquant cruellement de sommeil. En somme, assurer le bon fonctionnement du quotidien. Bien sûr, tout cela passe avant notre propre personne. Ça nous tombe dessus comme une chape de plomb. Il faut essayer de tenir, de survivre. Du coup, à force de s'oublier, de se sacrifier, l'épuisement maternel n'est jamais bien loin.

Et **c'est souvent mis, INJUSTEMENT, sur le compte de l'incapacité de la mère à**

gérer le quotidien, à endosser son «rôle de mère». On dira qu'elle n'est pas bien, que ce sont les hormones et que cela passera, qu'elle se faisait peut-être une fausse idée de ce que c'est que d'avoir un enfant (la faute à qui ?), qu'elle est en dépression, qu'elle fait un gros baby-blues et qu'elle est trop angoissée. Qu'est-ce que le jugement est facile !

Mais je crois qu'il faut rétablir les choses et les remettre dans leur contexte. C'est tout simplement parce que la situation est, dans l'absolu, insoutenable, invivable, et ne repose, à tort, que sur les épaules d'une seule personne : la femme. Cette même femme qui est fatiguée à l'extrême aussi bien mentalement, physiquement, qu'émotionnellement. **Il faut rappeler que la grossesse et l'accouchement sont des traumatismes pour le corps de la femme.**

Il est souvent dit qu'il faut neuf mois pour mettre un enfant au monde et neuf mois pour récupérer. Je l'ai bien ressenti. Comme je l'avais expliqué précédemment, notre petit garçon a eu vraiment beaucoup de problèmes de santé et ne fait toujours pas ses nuits.

" Je me suis dit que j'avais fait une terrible erreur. "

Étant loin de notre famille, et ayant un conjoint en déplacement professionnel en permanence, j'ai été livrée à moi-même et ce n'était pas beau à voir. J'étais tellement épuisée que je n'arrivais plus à dormir. Mon cerveau était en ébullition, il fallait que je pense à un milliard de choses en même temps. Je n'avais plus le temps de manger, de boire, ni même d'aller faire pipi. Je me suis mise à regretter d'avoir eu un enfant. Je me suis dit que j'avais fait une terrible erreur.

Aussi, à voir mes besoins les plus primaires niés ainsi, j'ai été envahie d'un sentiment d'oppression et de privation de liberté intense. J'ai eu envie de fuir ce calvaire. Les journées comme les nuits étaient de véritables cauchemars éveillés. Notre fils, alors âgé de 1 mois, restait éveillé 13 heures d'affilée sans dormir, ne serait-ce que cinq minutes. Il hurlait à longueur de journée, des heures durant. S'il finissait par s'endormir, c'était uniquement bercé dans l'écharpe de portage en position verticale, et cela durait 30 minutes maximum.

En somme, nous avions notre fils 24 heures sur 24 dans l'écharpe de portage pour le maintenir en position verticale. Ce qui veut dire que la nuit je « dormais » sur le canapé en position assise. Je l'ai vénérée cette écharpe de portage. Elle est d'ailleurs encadrée et accrochée au mur de notre salon... Non, ce n'est pas vrai. Mais pour la petite anecdote, nous n'avons pu la laver pour la première fois qu'au bout de deux mois.

Vers ses 4 mois, quand on a pu enfin allonger notre fils, on devait se lever en moyenne 15 fois par nuit, et ce, TOUTES les nuits. Il a été diagnostiqué tardivement RGO compliqué, parce que le corps médical ne voulait pas me croire et minimisait mes dires. J'étais selon eux trop stressée, et cela rejaillissait sur mon fils. On lui a d'ailleurs prescrit 10 séances de massage afin qu'il puisse se détendre, et que je me mette dans la tête une bonne fois pour toutes que mon fils, je cite : « *Est en excellente santé, va très bien, et il faut arrêter de se poser des questions. C'est dur d'être parent, n'est-ce pas ?* » Voici les mots de celui qui a été le pédiatre de notre fils, qui d'ailleurs nous avait été vivement recommandé, et qui est érigé comme le « spécialiste » des reflux gastro-œsophagiens en France.

Vous n'imaginez pas ma stupeur quand, quelques mois plus tard, je l'ai vu dans l'émission « La Maison des Maternelles »... C'est vraiment à se taper la tête contre les murs. Ce qui est surtout regrettable, c'est que ce diagnostic tardif a encore des répercussions aujourd'hui sur la santé de notre fils. À 16 mois, il en est à sa huitième otite, a dû se faire opérer, et j'en passe.

QUAND LA SOLITUDE ET LA CULPABILITÉ VONT DE PAIR

Bien évidemment et heureusement, il n'y a pas que des aventures malheureuses comme la nôtre. Mais il y a bien pire aussi. Tout faire reposer sur les épaules de la femme qui devient mère peut parfois être à l'origine de drames. Et notre société devrait bien se garder de nous juger. En tant que femme, on peut très souvent être amenée à ne pas se sentir comprise. On se sent délaissée : par le corps médical, par le conjoint parfois, par les amis, par l'entourage. L'arrivée d'un enfant s'accompagne très souvent d'une rupture sociale.

En tant que jeune maman, on va vivre tout un tas d'émotions et d'épreuves, dont on peut avoir honte et se sentir coupable. Car ce sont des choses qui malheureusement ne sont pas démocratisées bien qu'elles soient vécues par un grand nombre de femmes.

L'immense problème, c'est qu'on culpabilise de ne pas bien vivre sa maternité ou la maternité telle qu'elle est annoncée. Culpabiliser de ne pas être heureuse, de regretter d'avoir fait un enfant ou parfois même de ne pas ressentir ou vivre le grand amour avec notre enfant. Culpabiliser aussi de ne pas assumer notre nouveau rôle et de ne pas arriver à tout gérer.

" On se croit seule à vivre cela. "

Par exemple, à titre personnel, je me mettais la pression pour m'occuper d'un maximum de choses à la maison et de ne solliciter qu'au minimum mon conjoint. Ceci à cause de son métier qui est très prenant. Je me disais que je ne pouvais pas trop lui en demander, sinon il ne tiendrait pas le coup.

Ce qui va accroître le malaise de base, puisqu'on ne se sent pas bien, on culpabilise de ne pas bien se sentir et donc on continue de plus belle dans le même schéma.

À cela s'ajoute le fait qu'on se croit seule à vivre cela. On se sent isolée, donc on va se replier sur soi-même, et on va taire ce que l'on traverse. Ainsi, un cercle vicieux s'enclenche. Et c'est ce qu'il faut briser. C'est-à-dire ne plus mettre en avant uniquement l'image de la « super maman » qui mène tout de front d'une main de maître, en niant les autres réalités. Mais cela veut également dire d'arrêter de juger et de stigmatiser les parents qui vivent une situation compliquée, non conforme à l'idéal ou à notre propre situation. S'épancher sur le bonheur que l'on vit est monnaie courante, en revanche l'inverse est masqué. Pourquoi ? De nombreux parents vivent des situations très difficiles, comme un enfant qui ne dort pas, un enfant qui est malade, ou encore un enfant qui fait de nombreuses crises, voire les trois.

Ce qui n'arrange pas les choses, c'est que malheureusement les enfants ne sont pas considérés pour ce qu'ils sont. Ils sont beaucoup trop souvent assimilés à des faire-valoir. Une « compétition » existe entre parents. C'est à l'enfant qui fera le plus rapidement ses nuits, qui marchera, parlera, mangera seul, ira au pot, lira, écrira le plus vite. Finalement, à travers cela, l'enfant est nié, devient un vecteur de pression sociale. La course à l'image qui continue et se perpétue.

L'INSTINCT MATERNEL

Un point, je pense, qu'il est important de mentionner, c'est que **l'instinct maternel n'est pas inné, à mon avis.** Des mères pourront dès le départ se sentir extrêmement liées à leur enfant.

> *" Les mères n'ont pas à être jugées à propos de la construction de cette relation. "*

Mais je crois que, bien souvent, une relation se construit ct évolue dans le temps. On apprend à connaître et à découvrir ses enfants progressivement. Comme pour toute relation dans la vie en général. On apprend également à devenir parent et on développe cet instinct maternel. Pour ma part, les débuts chaotiques m'ont empêchée d'être immédiatement dans une relation d'amour avec notre fils. Je donnais mon maximum pour essayer de trouver ce qui n'allait pas et le soulager. Mais le véritable lien d'attachement et d'amour s'est tissé au fil des mois. L'évolution de notre relation a été complètement corrélée à l'enfer que l'on vivait et qui s'est apaisé progressivement.

Les mères n'ont pas à être jugées à propos de la construction de cette relation. Encore une fois, on retrouve une inégalité entre les hommes et les femmes. **La femme qui devient mère est censée acquérir l'instinct maternel en tombant enceinte, alors que les hommes sont excusés s'ils commencent à tisser des liens plusieurs mois après la naissance de leur enfant.**

CHAPITRE 5 : PRENDRE SOIN DE SOI

MA PRISE DE CONSCIENCE

Devenir mère, et tout ce que cela implique, aura vraiment amorcé un changement dans ma vie. Plus précisément dans ma façon d'être, de voir et d'aborder la vie. Cette expérience m'a transformée. Elle m'a transformée non pas parce que j'ai donné la vie. C'est dû à ce que j'ai traversé. J'ai été poussée dans mes retranchements. C'est comme traverser le vide sur un fil, tel un funambule. Est-ce que je vais y arriver ? Est-ce que je vais résister à la pression ? Est-ce que je ne vais pas finir par tomber ?

" J'ai décidé que j'allais exister, en tant qu'humain, en tant que femme, et que je n'allais plus m'oublier. "

Le fait de devenir maman m'a permis d'aller chercher en moi, la vraie « moi ». Je me suis reconnectée à moi-même, à ce que je suis par nature. J'ai dû aller chercher au fond de mes entrailles les ressources nécessaires pour tenir. Mais dans un premier temps, ça m'a amenée à m'oublier, à me sacrifier, à m'annihiler. Puis j'ai fini par renaître de mes cendres. Comme une remontée à la surface après des minutes interminables d'apnée. Cette bouffée d'air frais qui envahit mes poumons, à la fois douloureuse et salvatrice ; comme si c'était la première respiration de ma vie. Donc à travers la naissance de mon fils, je suis née une nouvelle fois en amorçant une reconstruction au plus proche de mes besoins, de mes envies. Être au plus proche de soi-même, c'est quelque chose qui se perd de nos jours. La société actuelle est un tourbillon de pression, qui consomme plus que de raison. Elle nous entraîne dans une course à l'image et au paraître.

Suite à cette prise de conscience, j'ai décidé que j'allais me permettre, de façon sereine, d'être moi. J'ai décidé que j'allais exister, en tant qu'humain, en tant que femme, et que je n'allais plus m'oublier.

Cela commence par prendre soin de moi. C'est ce qui m'a permis de mieux vivre ma maternité et **je crois qu'il s'agit d'aborder la maternité non pas comme un sprint, mais comme un marathon**.

MES 8 CONSEILS

1 – Je me suis imposé **d'avoir un temps pour moi, toute seule**. Essayer de s'accorder au moins 45 minutes voire une heure par jour est essentiel.

Et je sais comme ça peut être dur. On a un million de choses à faire en priorité, on a la tête pleine de tâches en attente et on se dit que notre bien-être personnel peut attendre. Mais c'est vraiment important, croyez-moi, ça permet de tenir. C'est faire quelque chose qui nous fait plaisir tout simplement.

Pour moi, ça a été de m'investir dans un projet qui me tient à cœur et de reprendre le travail. Ça me donne l'impression de m'accomplir. À cela s'ajoute le fait de m'aménager des plages horaires pour moi toute seule, pour pouvoir lire, regarder une émission ou un film, faire du sport, faire du shopping ou même encore me faire un soin du visage. Tout est une question de priorité. Notre enfant est une priorité, mais si, en tant que maman, on ne tient plus, comment pourra-t-on continuer à s'occuper de notre enfant? Se préserver est donc indispensable.

2 – C'est aussi **avoir un temps social.** Il est important de pouvoir s'octroyer une fois dans la semaine, un moment entre copines, avec de la famille, entre adultes, même si je sais que souvent le cœur n'y est pas, et que ce n'est pas forcément évident. La période peut être difficile au niveau social, car beaucoup de personnes de notre entourage peuvent s'éloigner. L'isolement dans cette période-là est fréquent. Cela contribue à l'épuisement maternel et au sentiment d'être enfermée dans un quotidien de tâches peu épanouissantes qui se répètent.

" Le plus important, c'est d'être bienveillante avec soi-même. "

3 – C'est **prioriser son sommeil** plus que n'importe quelle autre tâche, dans la mesure du possible. Le repos est notre carburant. Ça aussi je l'ai bien expérimenté, et je me l'interdisais. Il y avait tellement de choses que je souhaitais terminer. Mais ça n'en finissait plus. C'est un cercle qui se répète sans fin, qui nous fait glisser insi-

dieusement vers un épuisement profond. **Savoir prioriser les tâches est un point essentiel**. Autrement dit, **planifier sur tous les jours de la semaine les tâches à faire et y inclure également des moments de pause et de sieste.** Le fait de noter directement sur mon portable une chose à faire qui me vient à l'esprit, un document à remplir impérativement avant un rendez-vous, de la lessive à ajouter à la liste de course, me permet d'alléger ma charge mentale et de mieux m'organiser.

Mais **il y a des jours où on n'aura pas d'énergie, pas de motivation, l'envie de ne rien faire, le moral dans les chaussettes.** À ce moment-là, on s'écoute, on met tout entre parenthèses et on se repose. S'il y a des choses qui ne peuvent VRAIMENT pas attendre, dans ce cas, on fait ce que l'on peut. Mais honnêtement, il y a très peu de choses qui ne peuvent pas attendre. En adoptant ce fonctionnement plus cool et plus à l'écoute de moi-même, j'ai beaucoup mieux vécu la situation. Il y a des jours où j'étais complètement sur les rotules. Du coup, j'arrêtais tout. Même de planifier les tâches à faire pour le lendemain. Et peu importe que cet état dure pendant quelques jours, une semaine ou plus. Au fond, ce n'est pas bien grave. Il y avait d'autres jours où j'avais une banane d'enfer et où j'accomplissais un travail de titan. Mais la plupart du temps, j'essayais de m'en tenir à ce que j'avais prévu, ni plus ni moins. **Le plus important, c'est d'être bienveillante envers soi-même. Mais aussi de ne pas fonctionner en termes de retard et d'avance dans son organisation quotidienne. On s'enlève alors toute pression.**

4 – C'est ULTRA important de **ne pas zapper la rééducation du périnée dans le but d'éviter de nombreux désagréments tels que la descente d'organes, les douleurs ou l'incontinence.** Même s'il le faut, ne pas hésiter à amener bébé aux rendez-vous et surtout à s'exercer à la maison, à regarder des vidéos sur les abdominaux hypopressifs, par exemple. C'est ce que je faisais pendant mes nuits blanches, quand notre fils se réveillait 15 fois par nuit. Je me disais que puisque j'étais réveillée, autant que ça me serve.

5 – Le fait de **manger sainement et suffisamment va nous permettre d'avoir une bonne énergie pour tenir tout au long de la journée** et d'éviter les carences. Un régime n'est pas nécessaire et pourrait même être dangereux, surtout en cette période si délicate. Pourtant, je sais

à quel point on a envie de retrouver son corps au plus vite. J'en ai beaucoup souffert. Mais avec du recul, je crois qu'il est préférable de conserver son énergie. Manger des fruits et légumes et limiter le sucre, c'est suffisant. Une supplémentation en fer et une hydratation intensive sont aussi souvent nécessaires pour aider à lutter contre l'épuisement. Mais encore une fois, cela dépend de chaque cas. La situation parfois est vraiment catastrophique et manger des sucreries ou de la « malbouffe », c'est le seul réconfort que l'on a. Du coup, on fait ce qu'on peut comme on peut pour tenir. À l'impossible nul n'est tenu. Pour ma part, j'avais toujours une folle envie de pâtes et de chocolat. Sûrement les restes de ma grossesse qui me collaient à la peau.

6 – Psychologiquement : le mieux, c'est d'essayer d'arrêter de se faire du mal, notamment d'**arrêter de culpabiliser**. Chacun fait comme il peut. Ce n'est pas la peine de regarder ce qui se fait chez les autres. Aussi, si on sent un mal-être s'installer, il ne faut surtout pas hésiter à en parler autour de soi à des personnes de confiance, à notre médecin traitant, à notre sage-femme ou encore à un psychologue. Le tout est de trouver une méthode qui nous permette d'extérioriser.

" S'il y a une course qui compte :
c'est celle de se retrouver soi ! "

7 – M'instaurer une petite routine sportive quotidienne, c'est quelque chose qui m'a beaucoup aidée. Par contre, c'est vraiment venu avec le temps, car au départ j'étais trop épuisée. Quand progressivement je m'en suis senti l'énergie (c'est surtout quand notre fils a mieux dormi), faire 10 à 15 minutes de sport quotidiennement m'a donné un coup de boost. Ça m'a également fait beaucoup de bien au moral et ça m'a permis d'évacuer. C'était mon moment à moi. Manger sainement et bouger, ça aide à garder le moral, même si c'est vrai qu'un petit paquet de gâteaux ne fait pas de mal. J'ai constaté que les sucreries me procuraient un plaisir immédiat, mais éphémère. Du coup, lutter contre mes fringales en trouvant des alternatives me permettait de mieux me sentir sur le long terme. **Le tout, c'est de mettre des choses en place quand on le sent et surtout quand on le peut. Sans pression. Il n'y a pas de course à retrouver son corps**, à reprendre le sport le plus rapidement possible d'autant plus lorsque l'on n'a pas encore fait sa rééducation du périnée. **S'il y a une course qui compte : c'est celle de se retrouver soi !**

8 – **Exit les réseaux sociaux**, tous les réseaux. Ils font beaucoup plus de mal que de bien. Le mieux, c'est d'utiliser l'énergie et le temps consacrés habituellement aux réseaux sociaux pour quelque chose qui nous fait plaisir. Ça peut d'ailleurs être l'occasion de se redécouvrir ou d'explorer de nouvelles activités.

CHAPITRE 6 : Prendre soin de son couple

Intégrer qu'on n'est plus seulement un couple amoureux

" J'ai eu la sensation, au début, qu'on avait un invité permanent à la maison. "

J'ai souvent entendu dire : « *L'arrivée d'un enfant n'a rien changé pour nous, c'est juste une question d'organisation* ». Ce que j'ai du mal à concevoir maintenant que je suis devenue maman. On a toujours vécu à deux et on est désormais trois. J'ai eu la sensation, au début, qu'on avait un invité permanent à la maison. Ça a créé un chamboulement dans l'équilibre établi.

On a tous les deux été bousculés, et il fallait qu'on retrouve notre équilibre, non plus à deux, mais à trois. L'important, c'était qu'on n'oublie pas le couple amoureux que l'on est, et qui est la fondation de notre famille. L'ajustement n'a pas été évident, car chacun vivait les choses différemment. Comme la situation n'était pas vivable, j'ai dû rester à la maison alors que lui travaillait. On avait la sensation de vivre des difficultés parallèles, chacun de notre côté. Je ne me sentais pas comprise dans ce que je vivais et inversement. **Il a donc fallu créer des ponts pour se rejoindre.**

L'arrivée d'un enfant peut être vécue comme une véritable épreuve. Et ça a été notre cas. On a été poussés dans nos retranchements. J'étais plus agressive, j'avais besoin d'extérioriser et de me sentir comprise dans ce que je traversais. Ce qui est tout à fait normal et justifié. J'ai pris mon conjoint en grippe, car je trouvais qu'il ne saisissait pas assez l'ampleur de mon désarroi. **Mais je pense qu'il s'agit de garder à l'esprit que maintenir son couple est primordial, en impliquant son partenaire et en faisant de lui son allié.**

LES FEMMES ET LES HOMMES QUI DEVIENNENT PARENTS NE TRAVERSENT PAS LA PARENTALITÉ DE LA MÊME MANIÈRE

On a chacun une façon différente d'appréhender le sujet et de réagir. **Il ne s'agit pas d'attendre de son partenaire qu'il ressente les mêmes choses que nous** et, par conséquent, il est difficile qu'il puisse nous comprendre parfois. **Néanmoins, il peut nous soutenir.** Ce qui a été déterminant pour nous bien qu'on ne se comprenne pas au départ, ça a été l'implication corps et âme de mon conjoint, et ce, dès le début de ma grossesse. Nos liens se sont renforcés face à la difficulté. Mais pour certains couples, cela peut être l'inverse.

Pour que les choses se passent au mieux, la communication est la clé. C'est-à-dire essayer de ne pas attendre qu'on soit agacée et essayer de formuler le plus simplement nos demandes et nos craintes.

L'homme a besoin d'agir et de sentir, grâce à des actions concrètes, comment il peut être utile. Le mieux, c'est donc de formuler concrètement ce que l'on souhaite et ce que l'on attend de la part de notre partenaire. Ne pas s'opposer l'un à l'autre et essayer de se comprendre sont des solutions qui ont marché pour nous. Cela nous aura pris beaucoup de temps et aura demandé beaucoup d'obstination de ma part pour amener un peu d'émotionnel dans le comportement ultra rationnel de mon conjoint. Je me suis aussi fait confiance et j'ai campé sur mes positions. Notamment sur le fait que c'était une situation difficile, que c'était normal que je la vive très mal et que ce n'était pas pour autant que mes ressentis n'étaient pas justifiés, ou que j'étais une jeune maman moins méritante.

" Pour que les choses se passent au mieux, la communication est la clé. "

N'oublions pas que la situation est difficile également pour les hommes, c'est aussi un chamboulement, même s'ils le montrent moins. Sûrement, car ils sont conditionnés pour cela. Mais ça ne veut pas dire qu'ils ne se sentent pas démunis par cette nouvelle situation. L'arrivée de bébé bouscule l'équilibre déjà établi. Il s'agit de recréer cet équilibre sans que personne ne soit lésé. Le couple est le pilier de la famille. Et un couple en bonne santé, c'est la base pour l'éducation et l'épanouissement de l'enfant.

Ainsi, il est aussi primordial de prendre soin de soi que de prendre soin de son couple en se rappelant qu'on n'est pas seulement un couple parental, mais également un couple amoureux. On essaye de se fixer un créneau par semaine pendant lequel le couple se retrouve, sans forcément sortir. On peut se préparer une soirée sympa à la maison, un apéro, un dîner, un bon film, un jeu de société.

Il est normal que lorsqu'on traverse une période très difficile, notre apparence ne soit pas une priorité. Je sais de quoi je parle. La dernière chose dont j'avais envie, c'était de me maquiller. Mais m'obliger à m'apprêter un minimum, à l'occasion, me faisait énormément de bien. Ne pas se laisser aller, c'est bénéfique pour le couple, mais aussi, et avant tout, pour soi.

Le but principal est de ne pas s'oublier en tant que couple, je pense, et d'éviter de laisser s'instaurer une trop grande distance. Ce qui nous a principalement aidés, c'est de beaucoup parler. Mais aussi de faire à nouveau des choses qu'on avait l'habitude de pouvoir faire ensemble, comme manger le soir en discutant devant une émission sans être interrompus. Je crois qu'il ne faut pas hésiter à mutuellement se féliciter, s'encourager, se remercier, s'embrasser, se toucher.

CHAPITRE 7 : SE LIBÉRER DU TEMPS

POURQUOI SE LIBÉRER DU TEMPS

J'ai compris que pour pouvoir prendre soin de soi et de son couple, il faut pouvoir se libérer du temps. Prendre soin de soi ainsi que de son couple, c'est également se mettre dans de meilleures dispositions pour créer une relation qualitative et durable avec notre enfant.

Quand on n'en peut plus, on a tendance à faire l'impasse sur beaucoup de choses, notamment dans l'éducation, et après, il y a des répercussions.

Par exemple, les caprices. Notre enfant finira par entrer dans la phase de son développement où il fait des caprices. Si on n'aménage pas impérativement du temps pour soi, afin de créer une soupape de décompression, on va très rapidement entrer dans un cercle vicieux qui desservira tout le monde. D'autant plus, si à la base, on se sent déjà surmenée et fatiguée.

Si on ne s'accorde pas d'exutoire, les caprices de notre enfant peuvent devenir un véritable enfer sur terre. On se sent acculée, car on dépense une énergie folle à essayer de les gérer, en plus de tout ce qu'il faut gérer au quotidien.

" Il n'y a pas de recette magique. "

Dans le cas des caprices qui concernent tous les parents, je pense que quelques points clés peuvent aider :

– Garder à l'esprit que cela fait partie du développement de l'enfant que de faire des caprices : pour ne pas le prendre personnellement et prendre son enfant en grippe. Bien évidemment, c'est beaucoup plus facile à dire qu'à faire, car on peut très rapidement en avoir plus que marre. Je me suis déjà surprise à imiter mon fils en train de crier ou de chouiner tellement j'étais à bout. On ne sait plus quoi faire. Je me suis dit que peut-être comme ça, il comprendrait ce que je ressens. Mais je ne crois pas que ce soit la bonne solution. Avec du recul, je pense que c'est important que l'on reste à notre place d'adulte.

– Se dire qu'il n'y a pas de recette magique.

– Accorder de l'attention à son enfant : aménager des plages horaires où l'on se consacre uniquement à notre enfant. C'est quelque chose à mettre en place qui porte ses fruits, je trouve. Car on sait que pendant 30, 45 minutes voire plus, on se dédie entièrement à son enfant, sans être interrompue par le téléphone, par exemple, et l'enfant le ressent. Après, on peut passer à autre chose sans culpabilité, et cela apprend à l'enfant par la même occasion qu'il y a des temps pour jouer ensemble et des temps pour jouer tout seul. Je pense que **ce qui compte c'est la qualité du temps passé ensemble, non la quantité.**

– Prioriser ce qui est réellement important en tant que couple parental pour l'éducation de l'enfant : c'est-à-dire établir quelques règles et s'y tenir. Il s'agit de choisir ses batailles.

– Ne pas hésiter à responsabiliser son enfant dès le plus jeune âge : savoir s'habiller tout seul, ranger les jouets, débarrasser, mettre les déchets à la poubelle, apprendre à jouer tout seul, aider dans les tâches ménagères, etc. Tout d'abord, quand ils sont tout petits, très souvent, ils adorent. Puis cela leur permet de participer à leur manière aux tâches de la maison, à s'autonomiser, mais c'est également une marque de confiance de notre part envers eux. Les plus grands, eux, comprennent vite « l'arnaque ».

– Apprendre à l'enfant à identifier ses émotions, pour qu'il comprenne et soit conscient de ce qu'il ressent, comme cela, il sera en mesure de l'extérioriser. Il y a des livres, des images qui sont très utiles pour ça.

– Anticiper ce qui déclenche les caprices et savoir faire diversion. On se rend compte très vite que c'est tout un art.

" Féliciter les succès et les bons comportements. "

– Préparer les enfants à ce qui va suivre : parler et expliquer à l'enfant ce qui est à venir. Par exemple, l'heure du bain. Annoncer que dans 5 minutes, c'est l'heure du bain. Un minuteur que l'enfant peut comprendre fera l'affaire. Le fait de ritualiser les journées, j'ai pu remarquer que ça sécurise l'enfant.

– Féliciter les succès et les bons comportements. Je trouve honnêtement que c'est un point crucial. Autant on peut pointer du doigt ce qui ne va pas, autant il faut savoir féliciter.

– Contenir en cas de grosse colère et faire un gros câlin peut aider parfois.

– Avoir conscience que pas mal de caprices sont liés à un manque de sommeil.

Je pense que le principal est de poser un cadre simple à l'enfant, car les limites sont bénéfiques pour lui et permettent de le sécuriser. Cela ne reste que mon avis.
Tout cela nécessite beaucoup d'énergie. **Ce qui m'a permis d'avoir cette énergie, ça a été de me dégager du temps pour pouvoir faire ce qui me plaît.**

COMMENT SE LIBÉRER DU TEMPS ?

– Notre partenaire peut prendre le relais pour qu'on ait quelques heures pour soi. De même pour les nuits, chacun peut s'en charger à tour de rôle pendant que l'autre récupère pendant une nuit complète avec des boules Quies, par exemple, pour ne pas se faire réveiller. Je pense que c'est important pour l'équilibre personnel et au sein du couple. Au début, j'ai eu énormément de mal à déléguer. Je voulais toujours en faire plus. Mais par la force des choses, j'ai dû me rendre à l'évidence. Ce n'est pas viable.

— On peut aussi solliciter l'entourage : famille ou amis. Les week-ends où ma mère a pu se libérer pour venir m'aider ont été cruciaux pour me permettre de tenir le coup.
— Une aide extérieure, telle que les différents modes de garde (assistante maternelle, nounou à domicile, crèche), une aide-ménagère, etc., peut aussi être une solution.

— Bien s'organiser et anticiper : cela permet de se libérer un peu de temps.

Dans la mesure du possible, il s'agit d'essayer de mettre tout le monde à contribution : famille, amis, conjoint. Tout d'abord, je trouve qu'il est nécessaire de souligner que s'occuper de son enfant n'est pas une charge, dans l'absolu, qui incombe à la femme ou plus à la femme qu'à l'homme. La femme est aussi concernée que l'homme. **L'implication du père et le partage des tâches qui ont trait à la maison sont importants, même si papa travaille et que maman s'occupe de tout le reste à la maison. Ça va permettre d'éviter le surmenage.** C'est d'autant plus important pour favoriser la création du lien qui peut être moins évidente parfois entre le père et l'enfant.

Être bien dans sa tête est indispensable pour créer une super relation avec son enfant, encore une fois.

Pourquoi ne pas insérer dans la liste de naissance : des heures de ménage et repassage, une séance photo de famille, du baby-sitting, des bons d'aide (« s'engager à garder bébé une soirée », « s'engager à faire une demi-journée de ménage », « s'engager à aller faire les courses de la semaine », « s'engager à faire du repassage ») ?

Il est vrai que quand bébé arrive, il peut être compliqué pour la maman, le papa ou les deux, de faire garder bébé pour s'accorder du temps en couple. Dans ce cas, on peut privilégier un maximum la famille. Quand on n'est pas très entourée par la famille, on peut essayer de se faire recommander une super nounou ou une assistante maternelle qui fait du baby-sitting ponctuel. Histoire d'avoir une sortie de couple une fois par mois.

> *" S'occuper de son enfant n'est pas une charge, dans l'absolu, qui incombe à la femme ou plus à la femme qu'à l'homme. "*

Il est aussi possible de se sentir angoissée et stressée à l'idée de confier bébé à qui que ce soit, même à la famille proche. Dans ce cas, on peut plutôt demander à son entourage de nous aider dans les tâches du quotidien : ménage, linge, préparation des repas, rangement, courses, etc. pour n'avoir « qu'à s'occuper » de son enfant. La famille peut aussi passer nous voir pour nous tenir compagnie. Dans tous les cas, **il est important de faire comme on le sent, de ne pas se brusquer ni se laisser imposer quoi que ce soit.**

CHAPITRE 8 : ALLER À L'ESSENTIEL POUR BÉBÉ

ALLER À L'ESSENTIEL

« Qu'est-ce qu'il faut que j'achète pour l'arrivée de bébé ? »

C'est la grande question qu'on se pose lorsqu'on attend un enfant. Je me suis beaucoup renseignée. J'ai étudié la réelle nécessité et le meilleur rapport qualité/prix de chaque article. Je ne voulais pas céder à la tentation très consumériste d'acheter tout et n'importe quoi, car c'est vrai que dans ces moments-là, la société nous pousse beaucoup à l'achat. On vous dira que le dernier transat de telle marque a été L'INDISPENSABLE à l'arrivée de bébé, que tels cours de préparation à l'accouchement avec telle sage-femme sont INCROYABLES. En somme, toute une liste « d'incontournables » à FAIRE et AVOIR pour l'arrivée de bébé. Ce qui d'ailleurs nous rappelle que nous sommes dans une société qui surconsomme.

Moins on en fait, mieux ça sera. Je me suis rendu compte que, nous, parents, d'une manière générale, nous achetons plus que de raison. **Le meilleur conseil, c'est de faire au plus simple et d'aller à l'essentiel.**

La santé, le sommeil, donner de l'affection et jouer avec bébé sont les choses les plus importantes.

Aller à l'essentiel, c'est se concentrer sur la création du lien qui est favorisé par le jeu, l'affection donnée et la qualité du temps passé ensemble. La quantité de jouets et les jouets de telle ou telle marque n'aident pas plus bébé dans son développement que les interactions avec les parents, au contraire.

Concernant **la santé**, c'est important d'être entourée de professionnels de confiance, qui sont informés, bienveillants, à l'écoute et disponibles. Le mieux est de se fier à son propre ressenti et de se faire confiance. Aussi, ne pas hésiter à demander un deuxième avis ou tout simplement changer de pédiatre/médecin si ça ne marche pas. C'est ce que j'ai retenu du parcours de santé chaotique que nous avons vécu. Un médecin en vogue n'est pas forcément un bon médecin. De même, pour l'accompagnement pendant et après la grossesse, le choix de la sage-femme est très important.

Le sommeil est CRUCIAL. Il permet de se maintenir en bonne santé, d'avoir l'énergie nécessaire pour tenir la journée, et ce, pour toute la famille. Un enfant qui dort mal ou très peu, cela influe sur son comportement et son humeur, qui influe sur l'humeur et la fatigue des parents. Bébé est fatigué et manque de sommeil, du coup, il dormira mal la nuit suivante, avec probablement des problèmes pour s'endormir ; et de nombreux réveils nocturnes sont à prévoir. Du coup, les parents sont en dette de sommeil et donc, pendant la journée, tout le monde est exécrable, et ainsi de suite.

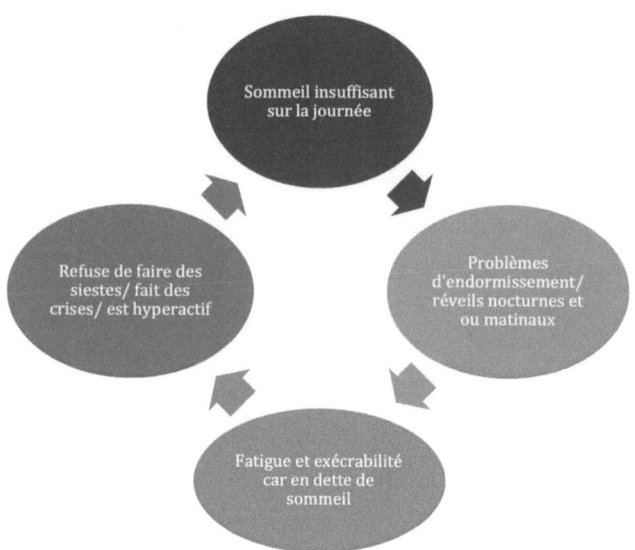

Le sommeil

Trois fausses idées reçues sur le sommeil dont j'ai pris conscience en travaillant avec une spécialiste du sommeil :

1 – «*Supprimer la sieste et faire dormir bébé le moins possible pendant la journée lui permettra de plus dormir la nuit.*» Un équilibre est nécessaire, trop dormir peut effectivement un peu empiéter sur le sommeil de la nuit. Mais c'est surtout le manque de sommeil la journée qui va entraîner une mauvaise qualité de sommeil le soir. Plus bébé dort, plus il aura envie de dormir.

2 – « *Plus on couche bébé tard, plus il se réveillera tard.* » Même si cela arrive, ça aura été un sommeil de mauvaise qualité. Cela n'est pas assez martelé, mais les enfants devraient être couchés à 20 h.

3 – «*Il y a des petits dormeurs et des grands dormeurs.*» Les enfants qui n'ont pas 10 heures de sommeil d'affilée au minimum dans la nuit sont en dette de sommeil. Souvent, on peut croire que ça leur suffit, et qu'ils n'ont pas l'air fatigués. Mais cette dette de sommeil peut se manifester autrement, notamment au niveau du comportement soit très calme, voire trop calme, soit à l'inverse très excité, en permanence en mouvement, manquant de concentration ; ou même encore par des retards de développement ou d'apprentissage.

Il y a deux types de parents : ceux qui ont la chance d'avoir un enfant qui dort et ceux qui n'ont pas cette chance. Nous, nous faisons partie du deuxième camp. Je vous avoue que personnellement, je n'ai jamais cessé de mettre en place des choses, même si c'est énergivore, car la situation n'est pas vivable, je trouve. Un enfant qui ne fait pas la sieste et qui se réveille plusieurs fois par nuit est intenable. Je me suis d'autant plus refusée à l'accepter, d'une part, car cela fait partie de mon tempérament et d'autre part, car je suis persuadée que ce n'est pas du tout optimal pour l'enfant non plus.

Tout l'enjeu est d'éliminer toute cause médicale avant de penser à une cause psychologique.

Il est nécessaire de ne pas négliger ni de minimiser les problèmes de sommeil, pour éviter qu'ils s'installent sur la durée. Ce que malheureusement trop de médecins font. On a souvent eu l'impression que, comme notre fils n'était pas mourant, tout le reste était considéré comme annexe. Ce que je trouve révoltant. C'est un manque total de considération et d'empathie de la part du corps médical. D'ailleurs, cette posture du corps médical peut réellement conduire à une descente aux enfers et à un sentiment d'abandon total.

Je me suis souvent dit : «*Est-ce qu'on dirait à quelqu'un qui a un énorme bout de verre enfoncé et coincé dans la plante de pied que ce n'est pas bien grave puisqu'il n'est pas mourant ?*» C'est totalement absurde. Ce n'est pas parce qu'un problème médical n'est pas visible et n'est pas considéré comme une urgence vitale aujourd'hui qu'il faut le balayer du revers de la main. Parce qu'il pourra avoir par la suite d'énormes répercussions, peut-être même irréversibles, sans vouloir être alarmiste. Tout ça pour dire qu'il ne faut pas minimiser les troubles du sommeil qui ont un impact considérable sur la vie de toute la famille et qui peuvent avoir une origine médicale. Combien de mères ont dû abandonner leur travail, car la situation à la maison n'était plus tenable à cause des problèmes de sommeil de leur enfant ?

" On a souvent eu l'impression que, comme notre fils n'était pas mourant, tout le reste était considéré comme annexe. "

Le manque de sommeil est un vrai cauchemar et mène à l'épuisement, au *burn-out*, à la dépression. C'est donc très loin d'être anodin.

Première étape : éliminer une cause médicale qui expliquerait les troubles du sommeil de bébé

Voici une petite liste de choses qu'il est bien de vérifier ou faire pour voir si la cause est médicale :

- un *check-up* complet, une prise de sang, une échographie si nécessaire, et ne pas hésiter à se montrer insistante auprès du corps médical.
- les allergies, notamment au lactose, aux protéines bovines ou à certaines lessives.
- un RGO (= reflux gastro-œsophagien) qui est causé par un problème du sphincter qui ne se referme pas au niveau de l'estomac. Du coup, l'acidité contenue dans l'estomac remonte dans l'œsophage, va enflammer et brûler ce dernier, notamment quand le bébé est en position allongée. Il vaut mieux identifier rapidement ce problème qui peut avoir d'importantes conséquences sur la sphère ORL.
- des otites récurrentes qui peuvent avoir un impact sur l'audition par la suite.
- l'apnée du sommeil.
- l'hypertrophie des végétations et amygdales.

- les dents.

Quelques questions et conseils supplémentaires :

- La température de la chambre est-elle bien entre 18 et 20° et l'atmosphère est-elle assez humidifiée ?
- L'enfant a-t-il suffisamment mangé dans la journée ou trop ? Pas assez de fibres ?
- Essayez d'éviter à tout prix les écrans, et ça peut être loin d'être évident.
- Des séances d'ostéopathie peuvent bien aider bébé, ainsi que la maman, car l'accouchement est traumatisant pour les corps.
- L'homéopathie peut aussi être une solution.

<u>Deuxième étape</u> : se tourner vers une origine psychologique quand bébé a des problèmes de sommeil

Instaurer un rituel du soir est important pour sécuriser bébé et lui permettre de mieux dormir. Bien dormir, ça s'apprend, et pour cela, il faut aider bébé. **Si bébé s'endort seul, cela lui permettra de se rendormir seul lorsqu'il se réveillera dans la nuit** ; je l'ignorais.

Apparemment, il serait « préférable » d'éviter les aides extérieures pour endormir bébé : veilleuse, tétine, lumière, sons, bercement. Il y a de nombreuses techniques proposées par des professionnels pour aider bébé à mieux dormir. Il est préférable de suivre celle avec laquelle on est le plus en accord. Mais une fois une méthode choisie, il vaut mieux ne pas lâcher et persévérer pendant au moins deux semaines. Il existe des spécialistes du sommeil qui proposent des méthodes et un accompagnement tout au long du processus. L'intervention de ces experts du sommeil est onéreuse, mais ça vaut vraiment le coup. Sinon, des méthodes sont explicitées dans certains livres.

En dernier recours, un pédopsychiatre peut être utile. Bien évidemment, tout cela concerne les bébés à partir de 5 à 6 mois. Avant cet âge, le principal est de rassurer au maximum bébé, peu importe les solutions que vous trouvez.

Les coliques ne sont pas faciles à gérer, car elles peuvent durer longtemps et on se sent totalement impuissante. Au bout de 2 à 3 mois, elles tendent à passer. En attendant, le mieux à faire c'est de rassurer bébé en trouvant les positions qui lui conviennent le mieux, en l'emmaillotant, en faisant des petits cercles sur son ventre avec deux doigts dans le sens des aiguilles d'une montre, en utilisant de l'homéopathie, des probiotiques, des bruits blancs ou encore une écharpe de portage.

CHAPITRE 9 : LE RÔLE DU GOUVERNEMENT

J'ai réellement la sensation que le but est de préserver un maximum la femme enceinte en la laissant dans un rêve et en le nourrissant, tout en évitant de l'apeurer. J'ai l'impression que l'État y contribue de par sa présence avant et non après l'accouchement. Peut-être parce que le taux de natalité d'un pays est important. Mais à quel prix ? Car pour cela, la réalité est tronquée. Est-ce que l'attention dont bénéficie la femme enceinte, qui s'évapore instantanément après l'accouchement, ne participe pas au baby-blues, à un sentiment décuplé de vide et de solitude ?

" Je ne pense pas qu'il faille infantiliser les femmes. "

Je me rappelle étant enceinte une discussion avec deux jeunes mamans qui parlaient de leur accouchement et qui m'ont dit : « *Bouche-toi les oreilles, n'écoute pas ça, ce n'est pas pour toi, ça va te faire peur* ». L'intention était louable, mais contribue cependant à entretenir une réalité déguisée. L'accouchement est très souvent vécu comme un traumatisme pour la femme. Je ne pense pas qu'il faille infantiliser les femmes. S'il est vrai qu'il y a une part de magie à se laisser porter par la grande inconnue qu'est la maternité, il n'en reste pas moins que les femmes et les hommes ont le droit de prendre une décision en conscience.

Lors de ma grossesse, je crois que je m'attendais naïvement à trouver une seule et même liste officielle qui serait envoyée à chaque femme enceinte. Comme un petit livret qui nous guiderait et qui nous expliquerait de façon exhaustive tout ce qu'il y a à faire pendant la grossesse et après l'accouchement, ainsi que les aides mises à notre disposition.

Je crois que je cherchais une sorte de repère ou d'indicateur. Je ne l'ai pas trouvé. Tout au long de ma grossesse, j'ai énormément été à la pêche aux informations concernant les étapes de la grossesse, ce qu'il fallait faire médicalement et administrativement, mais aussi à propos des achats à effectuer pour préparer l'arrivée de bébé. Les informations et la documentation étant très hétérogènes et basiques, j'ai dû aller piocher par-ci par-là.

Certes, il y a un certain accompagnement mis en place par l'État au moment de la grossesse et jusqu'à l'accouchement. Mais après l'accouchement, c'est le néant. Or, à ce moment-là, les femmes ont besoin d'énormément soutien. Si **la préparation à l'accouchement est importante**, **l'après l'est tout autant** ; sachant qu'il y a énormément de mamans isolées.

Le gouvernement devrait être d'autant plus impliqué qu'énormément de choses se jouent à ce moment-là. Un mauvais départ peut avoir de grosses répercussions pour la femme sur tous les plans, aussi bien professionnel que personnel, mais également pour l'enfant, sa construction, ainsi que la stabilité de la famille.

La grossesse, l'accouchement, le post-partum et les premières années de bébé sont suffisamment importants pour que l'on n'abandonne pas les parents à leur sort.
Cet accompagnement devrait comprendre :

- une reconnaissance et une valorisation, à juste titre, de la fonction de sage-femme.
- un suivi post-partum très rapproché qui continue avec la sage-femme durant au moins les trois premiers mois, voire les six premiers mois.
- une prise en charge psychologique et gratuite, sans grand délai d'attente (même si certaines cliniques le mettent déjà en place).
- une cellule d'écoute, d'aide, de conseil et de soutien téléphonique permanente pour accompagner, sur tout le territoire français, le retour des mamans à la maison sur des sujets tels que l'allaitement, le sommeil, les pleurs, les coliques, l'alimentation/diversification, le rythme, le retour de couches, etc.

" La grossesse, l'accouchement, le post-partum et les premières années de bébé sont suffisamment importants pour que l'on n'abandonne pas les parents à leur sort. "

Tout cela dans le but de pouvoir répondre aux interrogations des parents qui sont déphasés lors de la sortie de la maternité et doivent faire face à une fatigue intense et des journées uniquement rythmées par bébé. L'objectif serait aussi d'apporter un maximum d'informations essentielles, de manière uniformisée, à tout le monde. Mais également d'écouter, d'accompagner et de proposer un soutien. Car, à qui peut-on s'adresser lorsque nous sommes en grande difficulté ? C'est déjà assez culpabilisant de ne pas nager dans le bonheur absolu tant prédit, si en plus on est totalement livrés à nous-mêmes et que l'on se sent totalement isolés, les choses ne pourront aller qu'en empirant.

En attendant qu'un jour peut-être le gouvernement se penche de plus près sur ces questions :

– ne pas hésiter à programmer plusieurs rendez-vous avec sa sage-femme après l'accouchement.

– aller dans des maisons parents-enfants pour faire des rencontres entre familles et avoir le soutien de psychologues.

– rejoindre des groupes de parole tels que l'association Maman Blues en partenariat avec le Réseau de Santé Périnatal Parisien.

– s'informer : de nombreux sites internet peuvent apporter des informations, mais elles sont à prendre avec recul et discernement.

– demander conseil pour l'allaitement : il y a des conseillères en lactation ou encore le site de la Leche League, qui peuvent répondre aux questions, comme mentionné précédemment.

CONCLUSION

Le contexte change, la société évolue, mais les mentalités ne suivent que très peu.

> *" Aujourd'hui, il est désormais temps que le rôle de mère soit désacralisé, démocratisé sous tous ses aspects, reconnu à sa juste valeur et accompagné. "*

Devenir mère ne peut plus être uniquement associé au bonheur absolu que la société d'antan nous impose.

La réalité est bien plus complexe et se doit d'être transparente. On véhicule juste les réjouissances, en parlant très peu des désagréments. Aujourd'hui, il est désormais temps que le rôle de mère soit désacralisé, démocratisé sous tous ses aspects, reconnu à sa juste valeur et accompagné.

C'est une affaire d'individualité, mais surtout l'affaire de tous, l'affaire de l'État.

Ne pas juger, déculpabiliser, apprendre à être soi sont les points clés sur lesquels on peut agir individuellement. Autrement dit, ne pas céder à la pression sociale : au sujet du poids, de la reprise de travail, de la préparation à l'accouchement et de tout ce qui concerne l'après-grossesse d'une manière générale.

Il s'agit de s'affranchir de ces carcans, de se trouver ou de se retrouver, d'être dans SA vérité, pour construire SON histoire. Je pense qu'être bien et authentique avec soi-même est le meilleur moyen d'apporter le meilleur à son enfant. Mais ce n'est pas une chose aisée. Prendre soin de soi, s'accorder du temps dans la bienveillance, déculpabiliser, se faire confiance, se recentrer sur l'essentiel, permet de tenir dans les moments difficiles. Car cela crée des moments de décompression et favorise un meilleur état d'esprit. Souvent ce qui aide aussi, c'est ce dont on va réellement prendre conscience, plus que les actions elles-mêmes. L'action viendra par la suite naturellement.

Le rôle de l'État est crucial dans cette histoire pour aider les futures mères à ne pas se retrouver dans des schémas de profondes inégalités dues au choix de la maternité. Car actuellement, le contexte est tel que les inégalités hommes-femmes s'auto-entretiennent en créant un cercle vicieux.

" Il s'agit de s'affranchir de ces carcans, de se trouver ou de se retrouver, d'être dans SA vérité, pour construire SON histoire. "

Elles sont notamment exacerbées lors de l'arrivée d'un enfant, aussi bien concernant la répartition des tâches domestiques que concernant le plan professionnel. Ce qui conduit très souvent à un épuisement maternel. Si parfois le facteur d'individualité entre en ligne de compte, il est trop souvent nié que le contexte d'inégalité entre les hommes et les femmes ainsi que le manque criant de préparation et d'accompagnement post-partum par la société sont à l'origine du *burn-out* parental.

D'où la nécessité d'une intervention du gouvernement pour mettre en place des actions concrètes telles qu'un accompagnement psychologique et un suivi très rapproché sur les trois mois au moins après l'accouchement afin d'apporter le soutien, l'écoute et l'apport d'informations uniformisées nécessaires. C'est tout un système collectif d'actions mises bout à bout qui permettra de contribuer à ce que les mères se sentent reconnues et soutenues :

- une parole libérée et une maternité désacralisée dans sa globalité, mais également via la voix de femmes d'influence.
- une implication plus soutenue de la part des conjoints.
- un corps médical plus sensibilisé et mieux formé à ce sujet.
- un développement des mesures d'accompagnement par l'État, aussi bien en prévention qu'en suivi post-partum.

Au-delà de notre rôle en tant que parent, je crois aussi au rôle de citoyen. Nous avons un rôle à jouer pour la jeunesse de demain. C'est à travers la solidarité, autrement dit en ne pensant pas seulement à soi, mais au collectif, que nous pourrons faire évoluer notre société. Je nourris secrètement l'espoir, peut-être vain et utopiste, que nos filles grandissent dans une société plus équilibrée, avec moins de diktats afin qu'elles puissent vivre des maternités plus libres et en conscience, si elles souhaitent devenir mères.

POUR ALLER PLUS LOIN...

Je crois qu'il est nécessaire d'en parler encore et encore, d'approfondir certains sujets, de relayer les informations, de se soutenir entre femmes et de partager nos expériences et astuces. Moi qui pourtant n'ai jamais été sur les réseaux sociaux, j'ai trouvé important de créer un espace de partage qui nous serait dédié :

Compte Instagram
@maternite_sans_langue_de_bois

Page Facebook
Une maternité sans langue de bois

Si l'initiative vous a plu, n'hésitez pas à m'en faire part via ces réseaux ou vos commentaires sur Amazon.

Maternité sans langue de bois